JN411357

오늘의문학 시인선
428

물 위에 쓴 이름

강헌규 시집

오늘의문학사

국립중앙도서관 출판예정도서목록(CIP)

물 위에 쓴 이름 : 강헌규 시집 / 지은이: 강헌규. -- 대전
: 오늘의문학사, 2018
p. ; cm. -- (오늘의문학 시인선 ; 428)

ISBN 978-89-5669-936-3 03810 : ₩9000

한국 현대시[韓國現代詩]

811.7-KDC6
895.715-DDC23 CIP2018024694

물 위에 쓴 이름

■ **서시**

모래톱에서

바닷가 모래톱에서
뛰는 가슴으로
몰래 그대 이름을 써 보았네.
철썩 파도가 달려와
흰 이 드러내어 웃으며
쓸어 덮는다.

물러서서 또 써 보았네.
파도가 와르르
기어 올라와
칠판을 닦듯
또 지워 버린다.

우루루 물러가면서
'덮어라 덮어'
다독다독 나를 재우려 하면서
또 웃는다.

- 영국의 낭만파 시인 키츠는 스물여섯 젊은 나이에 죽으며 〈그 이름을 물 위에 썼던 자 이곳에 누워 있노라〉 이 한 구절만 묘비에 새겨달라는 부탁을 남겼다고 전한다.

- 내가 쓴 시도 금방 지워질 운명이리라 생각하여, 시집 이름을 '물 위에 쓴 이름'으로 정하였다. 마음이 참 편하다.

제1부 그런 소리 말게나

제2부 꽃아 꽃아 꽃아

제3부 서가를 정리하면서

제4부 눈 오는 날에

제1부

그런 소리 말게나

백조

그는 아무 말도 하지 않았다
자기를 '딱거위'라고
우기는 사람에게도
'고니다'
'아니다 백조다'라고
싸안는 이에게도.

조류학자에게 물어 보았더니
'고니'라고 하였다
사람들은 더욱
우렁찬 목소리로
그를 딱거위라고 하였다
다른 소리는 이내 비굴하여졌다.

고니는 여전히
제 그림자를 벗하여
거울 속 같은
호수 위를 흐르고만 있었다.

* 1994. 6. 13.

형이하학(形而下學)

이곳은 몽골의 초원 한 모퉁이
벗지 않아도 어여쁜 양이
숨을 멈추고 옷을 벗었다.
거친 세상을 피해 입었던
은자(隱者)의 털부숭이 가죽옷을.

나뭇가지에 매달린
마외파(馬嵬坡)의 양귀비,
현종(玄宗)이 그 날카로운 손톱으로
횡경막 아래를
사르르 더듬어 내렸다.

와르르
쏟아져 내리는 저 구절양장(九折羊腸)
가득했던 짐배(腹)가
빈 배(船)가 되었구나.
사지(四肢)란
오장육부를 받치는 기둥이고
머리란
그 기관(機關)인 것을.

무엇이 바빠
느긋하게 쉬도 못하셨는가
내뿜지 못한
노오란 빛깔의 카타르시스가
터질 듯 가득하다.
그러고 보니
내가 급하다.

* 몽골 여행에서 양의 숨을 거두어 고기로 만드는 과정을 보고

분꽃

봄볕 아래서
늙으신 어머니가 심고 가신
분꽃이
이 가을 저녁에 피었습니다.

생전에는
바르지 않으셨던
분 향기가 납니다
밤 저녁으로만 납니다.

저승길 먼 길
밤으로만 왔다 가시나요
출가 못 시킨
철없는 막내딸
눈 감으시고도 못 잊어
향기로만 왔다 가시나요.

말씀으로는 못다 하신 뜻
좋이좋이 지내라
향내로 놓고 가셨나요.

요사이 나의 독백

하늘을 나는 새도
떨어뜨릴 수 있다던
그 좋은 권세였는데.

죽으면 모두가 그만이야
다 버리고 갈 건데 뭘
부나비는 그래도 퍼덕이는데.

영화가 일장춘몽인가
영화는 일장춘몽인가
이것이 나의 고민이다
나는 이것이 고민이다.

미련(未練)

죽음을 가누던
사랑을 아는가
시간의 어느 어귀에서도
돌아보아지는 사랑을.

지금쯤
따스한 그 가슴 풀어
할딱이던 그 따스한
나의 가슴을 풀어

남의 아기를
젖먹이고 있을
그 여인에의 사랑을.

해남 두륜산 천년수 아래서

가파른 산길을 누가 부르는 듯 기어올라
옛 절터 가운데 덩그마니 홀로 서서
생각느니 약속한 건 세월인가 염량인가.

일월(日月) 우거진 속에 청초한 오층석탑
다정 불심으로 중생을 제도하시오다
발 아래 회초리를 천년수로 길렀네.

서산대사 가신 후에 임의 뜻 알 이 없어
유품은 가지런히 누워 세월만 말하는가
망설여 묻노니 탑을 쌓을까 회초리를 기를까.

* 1993. 8.

거문도 영국군 묘비 앞에서

여기는 동방 은자의 나라
비취빛 거울 위로 미끄러져 백리 밖
거문도 · 거마도
무엄히도
너희가 일러 하밀톤 섬.

태양이 지지 않던 날
너희의 영화로 찾아와
법석 떨다 숨겨둔
어린 두 水兵을 곡한다.

바다 까마득한 너머
너희의 조국
그 잊지 못할 인정을 그리다
차마 감지 못해 홉뜬
너희의 푸른 눈을 쓸어 주듯
세월의 앙금이 陰刻에 가득한
외로운 墓碑銘을 쓸어 읽는다.

간 이는
서둘러 가서 슬프고

보내는 이는
저도 갈 길이 바빠 슬프다.

유골은 혼을 따라 가
너희 고국 품에 안겼지만
그 때 푸른 하늘과 바다
함상에 눈물 뿌리며
젊은 시신을 나르던
슬픈 숨결은
늙은 소나무 아래
지금도 푸르렀다.

내게 안기느니 부끄러움뿐인
너 이방의 십자가
그 위의 빛 바랜 화환이
슬프도록 갸륵하구나.

* 거문도 산 위 늙은 소나무 아래에는 영국군 두 수병의 무덤이 있다. 이 무덤 앞에는 이끼 낀 묘비명이 있다. 소위 거문도사건(1885년) 때 왔던 영국 동양함대 소속 두 수병의 것이다. 묘 안의 유골은 파서 영국으로 가져갔다고 한다. 그런데도 매년 수병이 죽은 날에 영국 대사관 직원이 와서 묘비에 화환을 걸어놓고 간다고, 거문도 거주 안내자는 내게 설명을 하여 주었다. 나는 부끄러웠다.

까치 부부의 아침 식탁을 보고

아침 산을 내려오고 있었다.
창공으로부터 후루루
까치 부부가 달려 내려와
날렵한 가지를
의자로 하여 다가앉는다.

까만 보우타이
하이얀 블라우스
가을 이른 아침보다
더욱 산뜻한 차림들이다.
산신들이 마련한
이슬 머금은 아침 식탁에
까치 부부가 앉았다.

여기 맛있는 찬 있어요
까뜩 까르륵
여기도요
까르륵 까뜩
까만 연미복 깃이 펄럭.

걸음을 멈추고 본다,
저들 다정한 부부의 식탁을.
빨갛게 익은 조그마한 열매
꼬옥 찍어 미각을 즐긴다.
선식이 어디
배부름을 바라랴
후루룩 날아오르니
낭군 따라
날아오른다.

고향에 돌아와서

어디가 어디지
여기가 어디지
우리 집 있던 자리는 어디지?
안방, 웃방, 대청, 사랑채, 마당
자리 · 자리 · 자리
저 빌딩 밑에 깔렸네
땅속 깊이 묻혔네
살아 생전엔 다시 못 보겠네.

일렁거리는 물결 속에서
나만 두리번거리다
혼자 흥얼거린다
남의 속도 모르고
남의 속도 모르고.

도고창 막고 품어
고기 잡던 곳,
피사리하던
파란 못자리,
누런 벼이삭
물결치던 곳,

그 곳에 최신 공법의
높고 높은 집들이
키 자랑 힘 자랑을 하네그려.
남의 속도 모르고
남의 속도 모르고.

군소리 말게나

밥상머리에서
아이들이 반찬투정을 한다.
아이들을 친구 집으로 보냈다.
소견머리 없음을 탓하면서 보냈다.
하룻밤 자고
고생 좀 하고 오라고 보냈다.

돌아온 아이들은
그 집의 번듯한 자유에
침이 말랐다.

나도 뉘 집
신통한 아이들을
늘어 놓을까
밖으로 나갈까 망설였다.

'카악' 길바닥에다
조상을 나무라면
자네도 김병연이네
김삿갓이네.

밤에는 잠깐이
즐거웠던 탓에
낮에는 평생을 수고하네.

잊지 마시게
먹을 건
종자밖에 없는데
허리띠를 조르고
땅을 파고 묻어
오늘에 전한 이가 누군가를.

그때 말하지 못했거든
지금 군소리 말게나
그 말은 조금 후
자네를 찌르는
창이 되어 올 것이네.

* 1993. 8. 16

고백

말씀드린 것
물러 주실 수 있어요?
까맣게 잊기도 하시고요.

그것이 어렵거든
절레절레
자주 머리를 흔들어
제게 주시겠어요?

당신의 기억 갈피에서
나의 그 말씀 털려나와
빗물에 씻겨
강으로 바다로 흘러 가도록요.

당신이 가지셔도
보석이 아니고
제게 주셔도 짐이니까요.

* 1994. 1. 24

자화상

사나이가 너무 여려서 밉다
오지랖은 넓은데.

모든 아름다움을 사랑은 하나
가까이 가지도
그만두지도 못한다.

새를 겨누어야 할
고무총 고무줄을
얼굴로 향하여 당기던 버릇을
평생 못 버린다.

호랑이를 싫어하여
무리를 따르나
늘 혼자다.

모지락스러움을 배우려 하여
앞에 오는 사람과
맞닥뜨려 보려 하나
어느덧 비켜서고
후회를 한다.

국량을 모르고
태산을 넘으려 하여
이룸도 없이
늘 바쁘다
벌써 이순이다.

정에 약해
속아서 이골이 나고도
쉽게 사람을 믿는다.

미우네 고우네 해도
이승에서
정을 주고 살아가야 하기는
장
저 못 믿을 사람들뿐이란
서글픈 생각을
가슴에 숨기고
헤헤 웃는다.
다 그런 거지 뭐
장 그런 거지 뭐.

모르는 것

궁금한 것이 많아
배고픈 줄을 모른다.
늦어야 5분인가
빨라야 5분인가
인생이 일장춘몽인가
인생은 일장춘몽인가
그래서 나는 늘 마음이 바쁘다.

* 1993. 8. 16

개구리 이야기

나 다니던 시골 학교
초등학교에를 가 보았다.
그 넓던 운동장도 돌아보고
교실에도 들어가 보았다.
그 높던 산
성재산에도 올라 보았다.

솔잎으로 단장한 교문
자욱한 안갯길 더듬어
이슬비 적시며
달려간 운동장에는
부챗살처럼 펴진 만국기가
콩콩거리는 가슴처럼
펄럭이고 있었지.

모두들 어디 갔지?
재치 덩어리 한 친구
턱에 닿은

그대의 숨속에 있다네
우리는 모처럼 웃었다.

* 1994. 1. 20.

그런 소리 말게나

믿을 수 없는 게 세상이라고
그렇게 말하지 말게나.
그대 사 먹는 밥을
의심한 적이 있는가?
임금님이나 필요한 은수저
자네는 소용이 없지 않았는가.

믿을 사람이 없는 게 세상이라고
그렇게 말하지 말게나.
이발소에 가서
시퍼런 면도날 아래
자네 걱정 없이
곤히 자지 않았나.

그런 소리 하면
자네를 믿는 사람들이
섭섭타 하네.

믿을 사람 하나 없는
그런 세상이라 하더라도

그런 소리 말게나
속아주면 되잖나.

세상사람 다 안 믿으면
소매치기도 자네를 안 믿고
멀리 가 버리면
그것은 좋은 일이 아니라네.

* 1994. 4. 30.

채석장을 지나면서

높은 산은 그저 높은 산인 줄만 알았습니다.
왜 높은 산인지를 몰랐습니다.
채석장을 지나다가 문득 알았습니다.

덥수룩한 머리칼과
곧추선 수염 바로 그 아래
저처럼 모진 슬픔을
하이얗게 안고 있었음을 알았습니다.

높은 산은 더욱 큰 슬픔을
원한처럼 품고도
타는 갈증을 참고
골짜기 물 모두어
아래로아래로 내려주는
저 바위의 마음을 알았습니다.

풀과 나무가 물을 모두어
항심(恒心)으로 내려주는 저 고운 마음은

저 깊은 속 바위에게 배운 거랍니다.
들판을 휩쓸고 갈

물길을 막아 준 저 돌모롱이는
산속 모진 바위가 내민
슬픈 함묵(緘默)의 따스한 손길이랍니다.
나는 돌모롱이의
험한 길만 나무라고 왔습니다.

* 1994. 4. 18.

나의 이름은

물 위에 쓴 이름은 싫어요
물 위에 쓴 사랑의 약속이
싫은 때문이어요.
바닷가 모래톱에 쓴 이름은 싫어요
바닷물이 밀려와서
금방 지우니까요.

돌을 파서 쓴 이름도 싫어요
돌은 너무 차서 싫어요.
천 년을 간대도 싫어요
만 년을 가면 무얼 하나요.

사랑하는 그녀
그 파닥이는 보드라운 가슴 속에
잊혀지지 않는 옥돌로만 남고 싶어요.

* 1994. 5. 17.

제2부

꽃아 꽃아 꽃아

당부

믿지 못할 사람에게는
안방만이 아니라
들키지 않도록 하게나
마음도.

통이 큰 장수들이야
영웅들이야
총알이 빗발치는 전쟁터에서도
가슴을 열어 놓고
코를 곤다 하지만
우리네 소시민이야
어디 그럴 수 있나.

폭풍과 홍수

당신은 내 여린 혼을 생각하여
안쓰러움을 감춘 한숨이련만
내겐 모두를 휘몰아 가는 폭풍이어요.

당신은 내 메마른 마음밭을 생각하여
사랑으로 흩뿌리는 이슬비련만
내겐 모두를 휩쓸어 가는 장대비이어요.

나막신 장수 짚신 장수 어머니
그 어머니의 시름보다
가없이 크신 당신의 시름.

엄마와 아기의 옷차림

엄마는 예쁘게 시원하게 차려 입고
파라솔로 햇볕을 가리고
땀띠 난 이마 아래 눈꼽낀
아기의 손목을 끌고 달립니다
엄마는 왕비
아기는 거지.

아기는 예쁘게 시원하게 차려 입히고
파라솔로 햇볕을 가리우고
엄마는 꾀죄죄해도 좋다
아기는 공주
엄마는 거지.

깔끔한 엄마와
깜찍한 아기는
복받은 왕비와 공주.

부질없음

다 부질없는 것
애태우는 당신의 가슴도 부질없는 것
지나고 나면 모두 부질없는 것.

그대의 빗돌은
뒷날 무엇으로 쓰이는지 아는가.

그대
마음 태우는 일
실은 조물옹(造物翁)이
소일(消日)거리로 준 거라네.

모두 부질없는 것
부질없는 것
마음 태우지 말게나
명 재촉하는 일이네.

꽃아 꽃아 꽃아

이제 와서야
화사한 단장을 하면 무얼 하니
네 고운 웃음이
무슨 소용이 있니?
우리 어머니가 가셨잖아
돌아 가셨잖아.

저승으로 가시려고
달려가시느라고
모진 숨을 몰아
가삐도 쉬시기 전에
네가 좀 일찍 와 주었더라면
어머니의 발길을
잠시라도 멈추시게 하고
고통으로 일그러지신 이마를
조금이라도 펴시게 할 수 있었잖아.

배부른 후의
진수성찬이 무슨 소용이 있니?
주린 사람에게는
한 술 찬 보리밥이 낫지.

우리 어머니
우리 집 아주 떠나시기 전에
조금 진작 와 주지 그랬니.

좀 작은 정성이면 어떻고
좀 덜 고우면 어떻고
좀 옅은 향내면 어땠니
꽃아.

아버님 어머님 다 가셨으니
나는 이제
고애자(孤哀子) 고아란다
꽃아.

우리 집 화단
별 모자란 울안의 가난한 땅에서
투정부리다 이제사 피어난 꽃아
내년에는 네가 오지 않아도
나는 상관없단다.

너는 너 좋아서 피련만
너의 아름다움은
나의 슬픔이고
너의 향기로움은 지금
나의 한숨이니 어쩐다냐
꽃아.

* 1997. 6. 16.

나 지금은

당신은 참나무 작대기
벅찬 짐 실은 나를 받쳐 주어
그 그늘 아래 쉬게 하여 주는.

그대는 그림 속의 흰떡 가래
휘감기는 살결이 나긋나긋한
과식으로 나를 쓰러지게 하는.

'신 포도'라고 하는 말
흰떡 쇠어 차돌이 되어도
그늘은커니와 굄돌도 못되는 것
나 지금 땀 긋고 쉬고 싶네.

* 1998. 3. 3.

짝사랑 I

나는 먼 눈으로도
그대를 진주로 아는데
그대는 밝은 눈으로도
나를 어안(魚眼)이라 하네.

그대가 보는 진주는
그대를 어안으로 보는 것을
거울 속 오른손은 왼손인 것을.

예로부터
개천 탓을 말라 했으니
내 눈을 드릴까
새 거울을 드릴까.

* 1997. 10. 5

은자의 하루

가난한 삶의
초라한 메뉴를 시름하다 얻은
이 현란한 나의 밤을
잠으로만야 보낼거냐
길지 않은 이승의 계절이
다 가고 있지 않느냐.

잠은 아무리 달콤해도
반은 죽은 것이 아니냐
그렇게야 보낼 수 있느냐
이 현란한 나의 밤을.

최음(催淫)의 열기를 띤
저 거리의 밀물 썰물을 보아라.
눈에 불을 쓰고 달려 와,
'들어가 죽은 듯이 잠이나 자라구'
윽박지르다 달래다
개똥벌레처럼 도망치는
거리의 쌀방개를 보아라.

별들은 저리 윙크를 보내는데
이 밤을 잠으로만야 보낼거냐
이 현란한 나의 밤을.

몽골의 풍경

'붉은 영웅' 울란 바타르(ulaan baataar)는
옛 영화를 부른다.
달리고 달려도 다가오는 풀빛 바다
가지 많은 나무는
바람 잘 날 없다고
소 · 말 · 양들이 잠재워서
산에도 들에도 나무가 없다.
뻐꾹새 울음은 예나 제나 같은데
'노오란 어린 양의 귀'꽃은
양처럼 귀엽기만 하다.
제주도의 '피뿌리풀'은
'70개의 머리'(다롱 투롱)꽃의 동복 형제
귀여운 타르박이 곧추 서서
근심어린 눈빛으로 세상를 휘이 둘러보고
허위허위 은자(隱者)처럼 풀숲으로 사라진다.
말 탄 목동 어린 목동
창만 비껴들면 아니꼬운 세상에
바로 칭기즈칸이 되겠는데
연통만 치솟은 움츠린 겔(ger)에는
덕지덕지 옛 영화만 흐른다.

티끌만 이는 세상길을 피해
저만치 조용한 위엄으로 앉아 있는
서슬 퍼런 독수리 수리
뭉싯한 오름 정상에 젓꼭지로
남아 있는 서낭당 어워(오보)
19세기 초기와
20세기 후반이 겹쳐 있는 곳
아직은 오염을 모르는
지구상에 몇 안된다는
공기 맑고 물이 마른 곳
목마른 초원 몽골리아
칭기즈칸이여
다시 일어나시오
일어나서 동방의 솔롱고(조선)로는
오지 말고
일어나시오 외치시오
당신이 누우신 곳도
모르는 그 곳에서
다시 일어나시오

칭기즈칸이여
일어나시와 호령하시오.

* 1996. 7. 8.

달개비

바작바작 타는 나의 가슴을
그녀는 짐작도 못하는데
엉뚱한 그는 어떻게 알았지?

스멀스멀 나의 간절한 엑스선(X線)을
그녀는 눈치도 못 챈 듯 딴전을 피는데
엉뚱한 그는 어떻게 알았지?

바득바득 이를 가는 나의 마음을
엉뚱한 그는 딴전을 피는데
사랑스러운 그녀는 어떻게 알았지?

시화전(詩畵展)에서

여기 아름다운 여인이
전라(全裸)의 몸으로
자네를 기다리고 있네
그냥 지나가려나?

사람마다 다른 세상을
사는 거라네
사람마다 다른
눈
코
귀
혀를 가졌다네.
그 사람
사는 구경을 하고 싶지 않은가?
달나라 구경만이
구경이 아니라네.

여미어 잠그는 세상에
저 고운 속살을
보이고 있지 않나.

여보세요,
살아있는 다비드가
저 우아한 모습으로
그의 모든 근육을 부풀리어
기두르고 있는데
그냥 지나가시려나 봐요.
목욕탕 저편을 기웃거리는 눈빛으로
그저 보고 싶지도 않나요?

* 1996. 12. 16

빈 마음

어린 시절
내 가까이에서
파드닥거리던 파랑새들은
이젠 모두 날아가 버렸는가.

젊은 날 사철
하늘 높이 걸려 있던
찬란한 나의 무지개는
어느 바람에 실려 갔는가.

석양이 아름다우면 무얼 하나
슬픈 노을보다는
찌는 듯한 한낮이 더 좋은 것을.

씨 뿌리던 채로든
거두던 채로든
부르러 오면
따라 나서야지.

앙탈은 곱지 않은 것
이제부터라도 배워야겠네

욕심이야
어차피 끝이 없는 것 아닌가.

* 1996. 7. 12

모두 부질없는 것들인데

부질없는 것인 줄을
누가 모르나요
그냥 사는 거지요.

헛것인 줄을
누가 모르나요
그냥 하는 거지요.
죽을 둥 살 둥 모르고 하는 것처럼
그냥 하는 거지요.

무슨 재미로 사느냐구요?
마라톤처럼 그저 앞만 보고
달릴 수는 없잖아요
그냥 달릴 수는 없어
공을 좇아 달리기도 하잖아요.

모두가
부질없는 것이라고는 하지 마세요.
때 되어 밥 먹는 것
목말라 물 마시는 것까지도

부질없는 것이라고는 않으시나요?
부질없는 것이잖아요.

* 1996. 5. 9.

나의 고백

당신께서 나를 어떻게 생각하는지
잘 모릅니다만
당신께서 생각하는 만큼
좋은 사람은 아닙니다.

아주 흉악한 사람이 행동으로 옮긴
그런 일들을 생각으로는
자주 하였으니까요.

당신께서 생각하는 만큼
나쁜 사람도 아닙니다.
아주 훌륭한 사람들이 행동으로 옮긴
그런 일들을 생각으로는
자주 하였으니까요.

당신께서 보신 나쁜 사람
나는 당신의 자화상입니다.
당신께서 보신 좋은 사람
나는 당신의 거울입니다.

당신은 좋은 사람입니까?
당신께서 생각하여도
당신은 나쁜 사람입니까?

사진기를 들고

허름한 국산 사진기를 메고
국내 여행길에 올랐을 때
나는 그저 기뻤다.

일제 사진기를 메고
유럽 여행길에서였다.
라이카 사진기 상점 앞에서
일제 사진기를 멘
독일 사람들을 나는 웃었다.
가만히 보니 그들은
나를 웃고 있었다.

일본 여행길에서였다.
자기들 것보다 고급인
내 사진기를 보고
그들은 웃고 있었다.
그들의 관광지에서
우리의 자랑스러운 한글로
"잔디밭에 들어가지 마시오"란

팻말을 보았을 때보다
나는 더 부끄러웠다.

* 1995. 9. 16.

제주에 와 보면

제주에 와 보고서야 나는
지구가 둥글다는 것을 믿게 되었다.
볼록한 바다 위에
오뚝 서 있는 배들을 보고서다.

제주에 와 보고서야 나는
바위 녹은 물 식어서
삭아 흩어진 잿밭에서
꼬물꼬물 꼬물거리는 잡식동물에
샅을 가린 양서류가
나임을 비로소 알았다.

제주에 와 보고서야 나는
인생이 참으로 덧없는 것이라는
슬픈 생각을 했다.
젊은 그들의 희희낙락한 모습에서
어제의 나를 더듬고
허공을 휘저으며 버스에서 내리는
꼬부랑꼬부랑
검버섯 가득한 백발을 보고서야
오늘의 나를 찾고서다.

제주에 와 보고서야 나는
내게 항명(抗命)을 한다.
이제도 부라퀴처럼 살래?
아귀다툼 어제처럼 살래
천년 후에 남을 게
무엇 하나 있는 줄 아느냐?
또 있다면 대수냐.

제주에 와 보면 그대는
그대야 말로 도를 얻고
하산(下山)할 것이네
신들려 살 것이네.

제주로 오시게
제주로 와서 깨달으시게.
그래도 깨닫지 못하겠거든
돌팔매에 그대를 실어
푸른 바다에
풍덩 던져 보시게나.

* 1995. 10. 31.

첫사랑

놓친 고기가 크다 하지만
손에 잡힌 고기가 고기
꿩 대신 닭은 아니고.

죽고 못 살던 사이는
죽고 못 사는 것
살고도 못 사는 것.

보내 주게
생각도 함께 보내 주게
자네만 죽고 못 살면 무얼 하나
그러다 마는 거지 뭐.

누가 더 구순하게 사는가?
겨루어 보자고 그러게
잡은 고기나 지키게
퍼드덕거리지 않는가.

* 1996. 11. 19.

어중간한 자의 변

금메달은 하나
임금님도 한 분.

피라미드의 웃돌은 웃돌
밑돌은 밑돌
웃돌 빼어
밑돌 못 고이는 것.

지는 이 있으니
이기는 이 있고
백성 있으니
나라님 계시고.

그도 한 평생
나도 한 평생.

* 1996. 11. 19

채석장 아래 서서

높은 산 큰 산은
높은 시름 큰 시름을
응어리처럼 안고 있었음을
채석장 아래 와서 알았네.

착암기의 굉음에
가슴이 뚫리고
'광 쾅' · '모두 도망가라' 외치고
저는 무너져 내리고
사지가 날아가도
산은 그 자리에
침묵으로 서 있었네.

저만큼 발치에 흩어진
가슴뼈를 보고
속살을 보고
산 위의 어린 것들이
사시나무처럼 떨고 있어도
산은 그 자리에 침묵으로 서 있었네.

* 1994. 9. 11.

제3부

서가를 정리하면서

가을병

이 가을에 앓지 않는 이는
성한 사람이 아니다.

저 파란 하늘을 보고도
눈물이 그렁그렁하지 않는 눈은
눈이 아니다.

이 말에
부르르 성내지 않는 이는
염통이 없는 사람이지?

나를 넘겨 주오

해 ~ 는 져~서 어두~운데
찾 ~ 아 오~는 사~람 없어.

이제는 나
그 아기똥한 마음 버리고
그대, 보고 싶다는 말
토설해야겠네,
눈빛으로라도
먼빛으로라도.

아리랑 아리랑 아라리요
아리랑 고개고개로
나를 넘겨주오.

깔짐은 넘어가고
소나기는 쏟아지고
송아지는 뛰고
뱃속에서도 하늘에서도
우르릉 쾅쾅
천둥은 치는데
갈 길은 멀고 날은 저물고.

아리랑 아리랑 아라리요
아리랑 고개고개로
나를 넘겨주오.

이제 서둔다고
정승 판서가 되겠나
석숭(石崇)이 되겠나
가라는 백발만 불러 오지
아이구 다리야 허리야
늙어 느느니
병과 욕심뿐이라지?

아리랑 아리랑 아라리요
아리랑 고개고개로
나를 넘겨주오.

일이야
처녑에 무엇 쌓였듯 하지만
날 데리러 저승사자 오시는 날
훌훌 떨치고 나서게,
노모 계시니.

분수 알고 살다 가게,
우루루
철없는 어린 것들
앞가림이나 할 때까지.

아리랑 아리랑 아라리요
아리랑 고개고개로
나를 넘겨 주오.

그도 저도 욕심이라면
노여워나 마시고
순리대로 하소서
당신의 뜻대로 하소서.

해는 져서 어두운데
비가 오려나 눈이 오려나
아리랑 아리랑 아라리요
아리랑 고개고개로
나를 넘겨주오.

* 1995. 12. 29

괴로운 날에는

괴로워 세상이
모두 미운 날에는
병문안 온 이들마저 몰아내어,
첫사랑의 기쁨으로
하늘과 땅 사이에
둘이만 있던,
꿀맛 같던 그 시절만을
불러 올 수는 없을까요?
모셔올 수는 없을까요.

* 1996. 1. 29.

눈이 펑펑 쏟아지는 날에

갈 길은 멀고 해는 저문데
어쩌자고 내 마음을
이리도 부여잡느냐
흔들어 놓느냐.

아서라 말아라
이 마음을 놓아라
흔들리는 사나이의 마음을 놓아라.

나는야
철석(鐵石) 간장을 가진
대장부가 아니다.

눈물 젖은
섬섬옥수를 뿌리치고 갈
진짜 사나이가 아니다.
갈 길은 멀고 해는 저문데.

* 1996. 1. 31.

석류 앞에서

오므린 입들은
천상의 나팔을 부는가?
황량한 내 영혼의 이마 위에
정열의 접문(接吻)을 보내려는가.

오물오물
참다못해
이 가을에야
터뜨린 환한 웃음 속에
입안 가득
황홀한 루비의 치열(齒列)이여.

이제 나는
부끄러운 첫 키스를 보낼까
침샘 가득
프렌치 키스를 퍼부을까.

진실은 꼭 하나뿐인가요

하늘에 해는 하나뿐이지요.
달도 하나뿐이지요.
알아요
임금님도 하나뿐이지요.
임금님은 안 계세요.

진실은
하나인가요,
하나뿐인가요?
나는 누군가요?

* 1996. 1. 31.

이렇게 울적한 까닭은

예전에는 모두
사랑스러운 나의 계절이었는데,
빼앗김도 없이 잃어진
아름다운 산하의 모퉁이에 서서
이렇게 울적한 까닭은 무엇이냐.

짝사랑하여 더욱 아름다운 꽃
화사하여 더욱 스스러운 날빛이
내 곁에 이렇게
가까이 다가올수록
뒤틀리는 나의 심사는 무엇이냐.

* 1995. 4. 29.

아버지

나이 이순이 가까워서야
그것도 센 살쩍을 감추려
거울 속 제 얼굴을 보다가
먼 산 동향받이에 누워 계신
아버님을 뵈었네.
화들짝 놀라며
내 모습에서 아버님을 뵈었네.

철없는 우리 오남매로 하여
썩이고 썩는 속을 감추오시다가
센 머리칼로 보여 주시던
아버지 아버지.

밭두덕 논도랑에
손마디 바위 되고
생전에 깎을 손톱 발톱은 커니와
수족 거두어 드릴 때에도
깎아 드릴
손톱 발톱이 없이 사셨던
아버지 아버지.

키워 놓으면
철나겠지 믿으셨더니
제 짝 제 피붙이나 죽고 못 살지
염통 아래 쉬스는
당신의 아픔은 모르고 지냈습니다.
아버지 아버지.

저 먹고 살 것
등 굽도록 마련해 주셨건만
욕심은 족제비 족제비들
논귀 밭귀 다툼에
시름은 그지없어
나막신 장수 짚신 장수를 부러워하신
아버지 아버지.

새끼 키워 보아야
부모 마음 안다던 옛말을
오늘에사 어렴풋해 하는
저는요 아직도 철부지 불효이옵니다.
아버지 아버지.

자식 죽으면
어머니는 애고대고
피눈물을 흘린다지만
아무 말씀도 못하다가
카악 혈담(血痰)을 뱉으신다는
아버지 당신의 마음은
언제쯤 짐작이나 하겠사옵니까
아버지 아버지.

지금 지하에 누워 계실까?
이웃에 마실 가셨을까?
옆 자리 어머님 손잡고
이제는 한가로이
들구경 물구경을 가셨을까?
아직도 우리 오남매 걱정에
흐린 날 갠 날 없이
시름 속에 동동거리실까.

봉분(封墳)의 잡초 뽑아 드리고
비옵니다
절하며 절하며 비옵니다.

이제는 모든 시름 놓으시고
왕생극락(往生極樂)하옵소서,
극락왕생(極樂往生)하옵소서.

* 1998. 10. 9

생명체 지구님께 기생하면서

나는 이 지구가 생명체라는 사실을 몰랐다.
가슴 속 깊은 심장부에는
새빨간 피의 용암이 끓어 흐르고
어쩌다 상처 부위에서는 피 흘러
활화산으로 넘쳐흐르다 엉기고
지하에는 임파선 · 혈관이 있어 수맥(水脈)으로 흐르고
울퉁불퉁한 젖가슴과
늘쩡늘쩡한 팔 · 다리
산과 산맥 그 속에는
바위 뼈대가 그 기상(氣像)을 받쳐 주고
암산[雌山]은 부끄러이 주저앉아
참다못하여 숲속 치마 속으로 흘리며 시원해 하고
수산[雄山]은 하늘을 향하여
폭포수를 뿜어 올리며 시원해 한다.
머리 산에는 머리칼이 곧추 서서 자라고
팔 다리 사이 산골짜기에는
부끄러운 거웃 수풀이 구불구불 자란다.

산과 산 사이는 산골이고
다리와 다리 사이는 샅이다.
산골에는 물이 흐르고 고기가 자라고

샅에는 정이 흐르다 아기가 자란다.
내 몸속의 회충 촌충들이 나를 알 리 없듯이
산속의 즘생들이 산을 알 리 없지.
내가, 우리 사람이
이 땅덩이 거웃 머리칼 속에 사는
한갓 미물임을 어찌 알 수 있으랴.

내가 허섭쓰레기를
당신의 민감한 살 그 샅 골짜기에,
당신이 모처럼 누워 쉬는
그 고운 가슴 젖꼭지 위에 내어 던질 때
점잖은 당신의 분노를,
내 몸의 회충 · 촌충들의
버릇없음으로 하여 일렁이는
그 노여움으로 알겠네.

우리 그런 말은 하지 말아요

사랑이 깨져
남남으로 헤어지면서라도
우리 그런 말은 하지 말아요.
살을 섞고 살다가
남남이 되면서라도
그런 말은 제발 마세요.
죽어서 땅에 묻으면서
묻히면서라도
마지막이란 그런 말은
제발 하지 마세요.

깨진 사랑을 또 깨뜨리는 까닭입니다.
남남을 더 먼 남으로 만들기 때문입니다.
죽어서라도 또 만날 수 있기 때문입니다.

그러면 무어라고 해야 하느냐고요?
그것은 말할 수없어요
당신이 더 잘 알잖아요
그렇다고 또 '마지막'이란 말은 하지 마세요.
그러면 '끝'이라고 그래요
끝은 끝끼리

다시 이을 수 있기 때문입니다.
그러면 끝이 아니잖아요?

* 1996. 2. 28

산에 오르면

아래서 보면 별로 높지 않아 보이는 산도
산이란 산은
오르기에 숨이 차지 않는 산이 없다.
죄값이다.
산정(山頂)에 서 보고서야
후회를 한다
깨닫는다.

금방 오만에 빠진다.
"지금 나는 이 산보다 내 키만큼 높다."
나는 이내 내려와야 한다
산보다 낮게낮게.

세상에는 산도 많다
갠 날 흐린 날 할 것 없이
밤 하늘에는 별도 많다.

산은 소리없이 말한다.
올라 보지 않은 탓이다.
올라 와라
말 많은 사람도

흉보지 않는다.
내가 여기 누워 있지 않느냐.

공주(公州) 행(行)

이곳은 나의 수자리
점고하는 이 없어도
오랑캐 없어도
이곳은 내가 살아야 할
나의 수자리.

빛나는 곡괭이 들고
천고의 광맥을 찾아드는
푸르른 젊음을 위해
나 그 자리 수자리 살러 가야 하겠네.

아침이면 등에 해 지고
헌헌장부 앞세워
허위단심 찾아 온 나의 수자리
저녁이면 또 등에 해 지고
지친 키다리 앞세워
돌아오는 길에 되뇌는 말.

남들은 해를 안고
해를 따라 좇는데

그제나 이제나
등에 해를 지고만 사시는구랴.

서가(書架)를 정리하면서

모두 버리고 떠날 것을
오장육부처럼 끌어안고
신음하면서 살아 왔구나.
버리고 가벼이 사는 길은
등에 진 음식 먹으며
힘내어 가벼이 걷는 이솝의 길인 것을.

끌어안고 살아 온 날의 걱정은
모처럼 조자룡이
헌 칼 쓰듯 하고 나서
발등을 열 번이나 찍은
자발머리없음에서보다
개똥도 약에 쓰려면 없더란
옛말 생각에서였다.

모두 버리고 떠날 것
어차피 모두 버릴 것
내가 버리지 않으면
저것들이 나를 버릴 것.

이순이 가까운 나이
스무 해만 실하게 살다 갈 수 있어도
고맙기 그지없는 것이 인생
오늘은 내 남은 생애의 싱그러운 첫날
모두 버리고 떠날 차비를 하자
이를 곳을 위해서가 아니라
이곳에서의 삶을 위해서다.

집착을 버리라고 했것다.
아끼다가 썩히지 않으려면
'망설이다가 임은 먼 곳에'가 아니려면
모두 버려야 얻네.
얻으면 버려야 하네.
얻은 곳에서
오래 있으면 잃네.

* 1996. 3. 30.

내가 절망하는 까닭

소방공무원이 '放火훈련'을 한다고
총장님이 '인류'대학 '인류'시민이 돼야 한다고
저명 인사는 '저희 나라 저희 나라'하고
친한 친구와 '막연한' 사이라 하고
교양 많은 숙녀는 나의 '바램은 바램은' 하고
교육은 혼자 다한다고 하는 선생님은
저 사람은 내가 '가리킨 제자'라고 할 때
나는 절망을 한다.

정치하는 이들의
화려한 약속에 절망한다.
고급 세단 안에서
창밖으로 던지는
쓰레기 · 담배꽁초에 절망한다.
세상이 더러워 못 살겠다고
가래침을 쏘아대는
기사들에게 절망을 한다.

이렇게 쉬이
절망을 하는 나에게
나는 또 슬픈 절망을 한다.

누구에게나 아픈 사랑이 있나요?

사랑이면 누구에게나
아픈 사랑이 한 번은 있나요?
당신은 어떻게 아셨지요?

첫사랑의 그녀에게도
첫사랑의 아픔이 있었나요?
그는 누구였나요?

잡초를 뽑고 나서

쓰레기는 나날이 오는 것
잡초는 해마다 푸르른 것.

내 마음 속에도 무성하고
내 집에도 가득한 것.

세상은 넓고
잡초는 많고.
해는 서산에 목을 매달고
할 일은 많고.

* 1997. 6. 21.

상추쌈을 먹으면서

큰말을 본 후 뒤처리를
그대 어느 손으로 하는가?
오른손으로 한다.
악수는 어느 손으로 하고
숟가락은 어느 손으로 잡고?
소독했잖아.

큰말을 본 후 뒤처리를
어느 손으로 하는가?
왼손으로 한다.
상추쌈은 어느 손에 얹고?
안 먹어.

양식(洋食)을 할 때
포크와 나이프는 어떻게 잡지?
우리 집에 비데 있어.

제4부

눈 오는 날에

나물 뜯는 여인을 보고

봄날 호젓이 산을 오르다
따뜻한 양지에서
나물 뜯는 여인을 보았네.
무슨 나물을 뜯으세요?
쑥요, 쑥스러워서요.
어디서 오시었어요?
어디로 가느냐고 물으셔야지요.

지나치면서 생각하였네.
나 총각이고
그녀 처녀였으면 좋았겠네.

지금인들 늦었나 하니
그것은 억지라 하네.
산을 내려오다 보니
그녀는 간 곳이 없네.
선녀였나?

* 1995. 4. 23.

가난과 병고의 삶을 위로하면서

목구멍이 포도청인데
풀칠할 길이 없어
홑몸이 아니라서
차마 죽을 수도 없었다
어린 자식을 사흘 굶겨
차마 죽이지도 못하였다
그것은 사치가 아니었다.

온 식구 몸 성하여
하루 세 끼 밥 잘 먹고
아들 딸 방 따로 있으면 됐지
무엇을 더 바라시나요?
그것은 사칩니다.

몸바쳐 일할 터
있으면 됐지
무엇을 더 바라랴 근심하랴
그것은 사칩니다.
얻은 것도 놓칠 사칩니다.
목구멍이 포도청인데.

* 1995. 4. 22.

* 가난한 가정과 병고의 남편 때문에 시어머니를 버린 후 철창행, 풀려났으나 남편은 곡기를 끊고 회한 속에 죽었다는 기사를 보고.

백조(白鳥)에게

머나먼 길의 여독(旅毒)을
순백의 깃으로 접고
행여
백조가 오시는 날
나 어떻게 그를 맞을까.

언제나 오실까
내 곁에도 오실까
애가 잦아 기다리다
그만
새벽닭이 울었다.

아, 어쩌지
빈사(瀕死)의 상태로
우리 곁에 와 계신 것을.
그대는 아는가
먼 얼음의 땅에서
허위단심 달려오신 임에게
물신(物神)의 사약(賜藥) 사발을 내민
사악한 나와 이웃들을.

그대의 호수에는 못 미쳐도
애오라지
회한(悔恨) 달래며 노닐
작은 웅덩이라도 마련할까?

화식(火食)하여 미욱한 우리들
붕정만리(鵬程萬里)를 나는
그대 큰 국량(局量)을
어찌 알겠는가?

다만
그대의 슬픈 노랠랑은
아예 부를 생각을 마시게나.

* 「백조에게」는 본대학교 자연대학 4층 옥상에, 백조 3마리가 보호 중인 것을 보고 느낌을 적은 것이다. 자연대학 생물학과 조삼래 교수에 의하면 이 새는 천연기념물 201호라고 한다. 이 귀한 새는 금강하구(전북 익산군 웅포면과 충남 부여군 양화면 옥포리 사이의 금강)에서 철새 조사를 하던 중 조교수가 발견하였다고 한다. 농약에 중독되어 죽어가는 것을 가축병원에 옮겨 해독제를 먹여 살린 것이라고 한다.

조 교수는 이 고니의 건강상태가 좋아지는 대로 원래의 서식지로 보낼 계획이었으나, 문화체육부 천연 기념물 담당위원회에서 "아직 새의 건강이 완전히 회복되지 않았기 때문에 이대로 방사하면 중간에서 희생당할 위험성이 크다."는 통보를 받고 현재 보호 중이라고 말했다. 조 교수는 또 앞으로 사육실이 준비되면 최대한의 정성을 기울여 백조의 상태를 연구하면서 많은 학생들에게도 보여주고 싶다고 말한다.

필자도 역시 우리 학생들의 많은 관심을 바란다. 아울러 학교 당국에 이 귀한 손님의 대접에 소홀함이 없었으면 좋겠다는 진언을 드린다. 추운 지역에서 사는 새, 우리의 겨울에 멀리서나 볼 수 있는 이 귀한 손님이, 지금 가까이 햇볕 따가운 우리 대학의 옥상에서 신음하고 있음이 안타깝다. 학교 행정 실무진의 약속이 있는 줄로 알고 있으나, 소 잃고 외양간 고치는 격이 되지 않았으면 참으로 좋겠다.

마음을 들키고서

너의 독심술(讀心術)이 밉다.
어떻게 알았지?

입 밖에도 내지 않은 나의 마음이
눈빛으로 새었나
칠칠찮은
나의 독백으로 새었나?

그러나 어쩌지
그대에게만은
들킬까 말까 망설이는
이 길들일 수 없는
그리운 마음은?

* 1995. 3. 22.

어쩌지?

과학을 전공하는 친구와
일본에서의 지진 얘기를 하다가 들었다..

땅속 한 가운데에는
바위 녹은 물 마그마가 들끓고
그
껍데기에는 수제비 조각들이 엉겨 붙어
물 위에 떠 있는 것은 육지
잠긴 것은 바다라고.

하느님의 그 수제비 조각 위에
금 긋고 집 지어
천년 만년 살고지고
하루가 멀다 하고
아귀다툼
그게 우리네 사는 거라고.

어설픈 무(菁) 조각
그 조각 부딪혀
기우뚱만 해도 난리라고.
까치집만도 못하게

첩첩 쌓아 놓은 우리네 집들은
물어 볼 것도 없다고.

열탕 속으로 무 조각 뒤집히면
그 위의 불쌍한 우리들 어쩌지?
부귀영화 꿈만 꾸다가
사는 것처럼 하루 한 번 못 살아 본
우리네 못난 사람들의 한은 어쩌지?

큰 탈 없이 오래나 살아 보자고
입도 벙끗 못하고 살아 온
우리네 못난 사람들의
못난 사랑은 어쩌지?

* 1995. 3. 21.

눈 오는 날에

창밖에 눈이 꿈속처럼
내리는 날이면
이 새벽에야 겨우 잠재운
내 방랑의 혼이
스멀스멀 일어나
춤을 추자고 손을 잡는다.

아이 남새스러워
남들이 보아
나이가 몇이냐고
핀잔을 주어도 막무가내다.

창을 여니
찬바람이 눈을 몰고 들어와
무슨 철모르는 짓이냐고
빰을 때린다.
놀라서 겹문을 닫고 또 닫고도
밖을 내다 본다.

천지가 아득하게
꿈속처럼 내리는 눈이

또 내 혼을 불러 낸다.
나는
'커튼만을 드리우면 무얼 해'
하며 털석 주저앉는다.

'커튼을 드리우면 무얼 해'하며
주저앉는다.

오늘은 첫눈 오는 날

첫눈 오는 날 만나자던
사랑하는 사이의
총각과 처녀가 만났다.
눈속을 걷다가 포장마차로 들었다.

목간물에서 펄펄 솟아 오르듯
김 오르는 국속에서
꼬치안주를 곧추세워 든 총각은
뜻 모를 웃음을 띄웠고
모를 것이 없는 처녀는
낯을 붉히고 있었다.

알싸한 소주 두어 잔
멋으로 기분으로
주고 받았다.

오늘 또
처녀 많이 줄겠군

처녀 주니 총각도 줄겠지
지나가던 술꾼의 말이었다.

* 1994. 12. 5.

나의 벗 김덕구 선생 영전에

이 좋은 계절에
그렇게도 가기 싫어하던 길을
떠나간 벗이여
빛나는 이승에의 사랑을
피로 말리던 형형한 눈빛이여.

살려 주소서 살려 주소서
동곳 싹 뽑고
매달려 보라던 나의 말을
이제사 그럴 수는 없네
차가운 침묵 속에
묻고 가 버린 벗이여
그대는 차라리 비굴하지 않아서 훌륭하오.
남아서 산대야 그 얼만가
곧 이어 따라갈 우리네 아닌가.

살아남은 살붙이 피붙이야
어쩐들 못 살리야
그대 애쓰다 간 것이나 애닯지
슬퍼도 먹고 자고
애달파도 싸고 누고.

비옵느니
극락왕생하시게나.
왕생극락하시게나.
이승 근심 다 놓으시고
이제는 마음과 몸 모두
유유자적하시게나.

* 1994. 10. 18.

짝사랑 II

텔레비전에서 본 사람을 만나보고
당신, 나 몰라?
나 당신 많이 보았어.
그때 당신도 나 쳐다보았잖아?

임금님, 저 모르세요?
저는 임금님 많이 뵈었어요.
제가 숨어서 뵙지는 않았는데요.

임금님, 저는 가난해도
임금님께 드릴 것이
이렇게 많은데
임금님은 다 가지셨어도
제게 주실 것이 없으시지요?

* 1994. 12. 5

나 지금 그대 만나보고 싶네

나 지금 그대 만나 빌고 싶네.
내가 잘못했네.
이대로 영원히 헤어져서는 안 되네.
헤어지더라도 풀고 헤어져야 하네.
조금 이따가 스러져 버릴
그대 아니고 나 아닌가.

죽으면 그만이란 말은
허전한 우리네 마음을 달랠 수 없어,
빌고 절하고
절하고 빌지만
모두 가 버리지 않았나.

가더라도 풀고 가게.
조금 이따가 스러져 버릴
그대 아니고 나 아닌가.
저승에서 만나면
계면쩍지 않겠는가.

* 1994. 10. 4.

꽃무릇

매년 9월 중순이면 전북 고창 선운사 주변에는
수명 열흘의 꽃무릇이 붉게 탄다. 나도 그렇게 타고 싶을 때가 있다.

선운사 골짜기 시냇가 그늘 아래
불타는 저 마음 아는 이 바이 없네.
그리운 그 임이 뉘신가 여쭈올까
묻는다 답하랴
일편단심 그 마음.

하늘에 비는 마음
섬섬옥수마저 붉혔네.
애타는 저 가슴 가녀린 저 손길을
졸이다 태우다 수척하신 자태여
가을볕 열흘의 저 박명(薄命)을 어쩌지.

그리움이 슬픔인 줄을
이제사 알겠네
길손은 전(傳)케나 저 타는 가슴을

하루도 열두 번씩 그리웁는 그 임께

족두리 이고서 수삽(羞澁)한 저 고운 모습을.

* 1995. 9. 29. 선운사 계곡에서

* 이 시의 먼저 제목은 '상사화(相思花)'였었다. 시의 내용은 '꽃무릇'을 노래한 것이기에, 제목을 '꽃무릇'으로 고쳤음.
이를 알려준 시인 유병환 교수께 감사의 말씀을 드린다.

할 말이 없네

예로부터 자식 키우는 이는
앞찬 소리를 말라 했네.
가지 많은 나무
바람 잘 날 없다 하지 않았나?
바람만도 아니라네.

남의 자식을 가르치매
노여워할 수만 없음을 알겠네.
내 자식 또한
그 스승 애태움을 알아서라네.

남의 어버이 섬김을
말할 수 없음을 알겠네.
나 또한 눈물겹도록
불효임을 알아서라네.

세상을 살아가매
얼얼하여 제 정신이 아니고는
할 말이 전혀 없음을
이제사 알겠네.

* 1994. 8. 2.

■ 해설

일상 · 사랑 그리고 삶의 예지

조 재 훈

(공주대학교 명예교수, 文博, 시인)

1.

'시' 또는 '시적'이라는 말은 으레 '낭만'을 떠올린다. '낭만'은 현실을 벗어난 멋진 환상의 세계라고 믿는다. 그리하여 유럽에서도 보면, 대체로 시간적으로는 중세로 돌아가 있고 공간적으로는 이른바 이그조틱한 동양을 그리워하고 있다. 사랑에 살고 사랑에 죽는 드라마틱한 삶의 비극이 과장되게 부풀리어 우리를 흔든다.

동양의 '오리엔트'가 소문자로 시작될 때 '지향성'을 지니게 된 것은 미지에의 모험과 식민지 확장의 낭만주의에 말미암는다. 낭만에는 창조의 동력이 바탕을 이루는 게 사실이지만, 일상성을 말살하는 제국주의적 속성도 있다. 따라서 낭만 위주의 시(글)에는 일상의 진실이 결여되기 마련이다. 삶의 보편적 양태는 극적인 것이 아니다. 어찌 보면 따분한 일상의 연속일 뿐이다. '따분한 일상'을 정면으로 담을 때 진실이 있고, 그렇지 않을 때 허위가 태어난다.

범산(凡山, 강헌규 교수의 아호)의 이번 시집에는 그의 아호처럼 평범한 일상이 큰 굴곡이 없이 잔잔하게 표출되어 있다. 지나친 시적 수사나 과장이 없이 진솔하게 그의 일상 속의 애환을 드러내준다. 그러나 되풀이되는 일상의 지루한 상투성은 나타나지 않는다. 그것은 사물에 대한 다사로운 시선과 거기에서 우러나는 시적 지혜 때문이다.

2.

그의 일상성은 별다른 퍼스나를 필요로 하지 않는다. 시인의 모습이 자연스럽게 드러난다. 아마 이것은 퍼스나에 대한 범산의 무자각이라기보다는 시의 속성 때문일 것이다. 로만 야콥슨이 시를 일러 일인칭의 현재라고 파악한 것은 그 때문이다. 이런 점에서, 표현과 카타르시스의 입장에서 볼 때 행복한 장르라 할 수 있다. 에고의 투영과 굴절이 투명하게 나타나는 장르로 시보다 더 나은 것은 없다.

언젠가 『무진기행』을 영화화한 『안개』를 보다가 무진을 가는 시골버스에 농립으로 얼굴을 반쯤 가리운 작자(김승옥)를 발견하고 웃은 적이 있다. 그의 등장은 우연일는지 모르지만, 그 연장선상에 히치코크(Hitchcock, Alfred)가 있는 게 아닐까 그런 생각이 퍼뜩 들었다. 감추어진 감독은 사실상 영화 그 자체라 해도 지나친 말이 아니다. 그러나 대부분의 관중은 등장하는 배우와 그들이 일으키는 사건 그리고 그 관계에만 매달린다. 감독의 인간적인 소외 또는 고독이 여기에서 생겨난다. 자기 영화의 어딘가에 늘 얼굴을 내미는 히치코크의 등장을 장난으로 볼 수 없는 이유가 거기에 있는 게 아닐까.

범산의 시에는 예외 없이 자기 삶의 고백을 담고 있다. 다음과 같은 그의 시집 첫 번째 시도 마찬가지다.

> 봄볕 아래서 / 늙으신 어머니가 심고 가신 / 분꽃이 / 이 가을 저녁에 피었습니다. // 생전에는 / 바르지 않으셨던 / 분 향기가 납니다 / 밤 저녁으로만 납니다. // 저승길 먼 길 / 밤으로만 왔다 가시나요 / 출가 못 시킨 / 철없는 막내딸 / 눈 감으시고도 못 잊어 / 향기로만 왔다 가시나요. // 말씀으로는 못다 하신 뜻 / 좋이좋이 지내라 / 향내로 놓고 가셨나요.

「분꽃」 전문이다. 비록 시의 오브제는 분꽃이지만 그것은 바로 시인의 어머니로 직결되고 있다. 잔잔한 사모곡의 가락이 향인 듯 다가온다. 그의 진솔한 삶의 가식 없는 육성 때문이다. '봄볕'과 '가을 저녁'의 시간에 '늙으신 어머니'가 자리하고 있다. '봄볕'은 이승으로서의 현세요, '가을 저녁'은 분꽃으로의 환생이다. 봄으로부터 여름을 지나 가을이 오는 시간의 순환 위에 하나의 삶이 꽃으로 드러나는 시인의 의식에는 전통적인 사생관이 자리하고 있다.

그의 다사로움과 낙천성이 여기에서 태어난다. 사람의 인적이 뜸한 '밤 저녁'에 더욱 은은히 퍼지는 분꽃 내음에는 생전에 분 한 번 바르지 못하셨던 어머님의 얼굴과 그 분의 이승에 둔 한이 어려 있다. '출가 못 시킨 / 철없는 막내딸'에의 걱정과 연민 때문에 '눈 감으시고도 못 잊어'서 '향기로만 왔다 가시'는 어머님에의 정이 간절하면서도 향기롭게 느껴진다. 그의 다른 작품, 예컨대 〈꽃아 꽃아 꽃아〉 등에도 그러한 사모의 정이 가득하다.

그러나 까치 한 쌍의 먹이를 나누어 먹는 아침의 풍경 앞에서 그는 소년이 된다.

> 까만 보우타이 / 하이얀 블라우스 / 가을 이른 아침보다 / 더욱 산뜻한 차림들이다 / 산신들이 마련한 / 이슬머금은 아침 식탁에 / 까치 부부가 앉았다. // 여기 맛있는 찬 있어요 / 까뜩 까르륵 / 여기도요 / 까르륵 까뜩 / 까만 연미복 깃이 펄럭.

「까치 부부의 아침 식탁을 보고」의 중간 부분이다. 아침 산을 내려오다가 걸음을 멈추고 바라본, '빨갛게 익은 조그마한 열매'를 가치 내외가 함께 찍어 먹는 풍경이다. 동화처럼 신선하다. 까치들의 옷차림이 특히 그러하다. 그런데, 여기에서 우리가 지나쳐 버릴 수 없는 것은 빨간 열매의 상징이다. 그것은 사랑이기 때문이다. 삶을 보는 시인의 시선이 이처럼 따뜻하다. 빌딩의 숲으로 바뀐 고향에 와서 느끼는 다음의 시편도 역시 그러하다.

> 어디가 어디지 / 여기가 어디지 / 우리 집 있던 자리는 어디지? / 안방, 웃방, 대청, 사랑채, 마당 / 자리 · 자리 · 자리 / 저 빌딩 밑에 깔렸네 / 땅속 깊이 묻혔네 / 살아 생전엔 다시 못 보겠네. // (중략) // 도고창 막고 품어 / 고기 잡던 곳, / 피사리하던 / 파란 못자리, / 누런 벼이삭 / 물결치던 곳, / 그 곳에 최신 공법의 / 높고 높은 집들이 / 키 자랑 힘 자랑을 하네그려.
>
> —「고향에 돌아와서」의 앞 · 뒤 부분

개발이니 뭐니 하는 바람에 우리가 흔히 겪는 오늘날 시골의 모습이다. 순박하였던 고향의 농촌은 거대한 자본에 의하여 해체되었다. 살던 집의 정과 추억이 담긴 공간(자리)은 이제 없어져 황폐화되어 버렸다. '자리'를 세 번이나 반복하고 있는 것은 그 무참성의 강조이다. '깔렸네', '묻혔네'의 비극적인 피동사는 '빌딩'과 '최신 공법'을 그 주어로 하고 있다. 그러나 시인의 분노는 따스할 정도로 차분하다. 소시민의 어쩔 수 없는 순리가 슬픔으로 배어 있다.

3.

찰리 채플린은 웃지 않는다. 그의 많은 팬터마임을 본 사람들은 웃지 않는 그의 웃음을 대신 웃는다. 갑자기 쏟아내는 웃음이 아니라 쓴웃음 비슷한 그러한 의미가 깃든 웃음을 웃는다. 만일 채플린이 웃고 지껄인다고 생각해 보라. 얼마나 우리에게 웃음의 몫이 사라질 것인가. 좋은 시에 떠들썩함이 없는 이유가 그런 데에 있다. 물론 경우에 따라서 흥분이 직설적으로 표출될 수도 있지만, 그런 것들은 일시적인 경우가 많다. 여러 번 되뇌면 되뇔수록 색다른 의미의 향이 풍기는 작품이 우수하다. 과장된 감탄사의 빈번한 나열이 치기의 산물로 간주되는 것은 그 때문이다.

범산(凡山)의 시는 둘레의 일상을 드러내고 있지만, 과장되게 정감을 노출하거나 건조하게 반영하지 않는다. 그 나름의 능청이라고나 할까, 지적 기제(知的 機制)가 번뜩인다. 위트와 풍자가 바로 그것들이다.

> 나뭇가지에 매달린 / 마외파(馬嵬坡)의 양귀비, / 현종(玄宗)이 그 날카로운 손톱으로 / 횡경막 아래를 / 사르르 더듬어 내렸다. // 와르르 / 쏟아져 내리는 저 구절양장(九折羊腸) / 가득했던 짐배(腹)가 / 빈 배(船)가 되었구나.
>
> —「형이하학」 중간 부분

몽골의 짧은 여행 중에 쓰여진 작품인 듯한데, 그 모티브는 확실치 않다. 무슨 극에서 본 것인지 아니면 박물관의 무슨 상(像)을 대상으로 한 것인지 잘 가늠할 수가 없다. 그러나 분명한 것은 현종과 양귀비의 비극적인 관능과 허무를 노래하고 있다는 사실이다. 양귀비가 마외 언덕의 나뭇가지에 매달려 있는 것을 보아, 안록산의 난을 피해 현종과 함께 사천성으로 피신하려고 장안의 서쪽 마외역에 도착했을 때, 군사의 불만이 폭발, 양국충을 죽이고 양귀비의 죽음까지 강요하자, 하는 수 없이 죽은 그 비극의 이야기이다.

그런데 주목할 것은 앞 연의 죽은 절세미녀 양귀비와 현종의 횡경막 아래와의 대비이다. 이제는 쓸모없는 '날카로운 손톱'임을 미루어 볼 때, 또 사르르 더듬어 내리는 것을 유추할 때 '횡경막 아래'는 양귀비의 것이다. 관능과 죽임이 재치있게 드러나 있다. 그 다음 연에서는 동음이의어의 펀(pun)을 통하여 재치의 극치를 보여준다. 앞 연 끝행의 '사르르'와 다음 연 첫 행 첫 어절의 '와르르'도 서로의 상사음 [wariɨrɨ]으로 해조를 이루면서 상반되는 의미로 충돌한다. '사르르'가 고요한 도취라고 한다면, '와르르'는 요란한 붕괴의 의미를 갖기 때문이다. 의성어 (또는 의태어) '와르르'에 이어지는

'쏟아지는 저 구절양장'은 다난한 삶의 역경과 형이하의 성적(性的) 상징으로 읽힌다. 또 왕(현종)의 풍만한 배(腹 · 형이하학)가 이제 망하여 망망대해를 표랑하는, 선장 없는 배(船)가 되어 버렸다는 '짐배(腹)'와 '빈 배(船)'의 대비적인 풍자성을 만나게 된다.

그의 평범해 보이는 시편들이 결코 범상하지 않음을 위트나 풍자가 잘 말해주지만, 그가 어학자이라선가 시적 재미나 감동을 수반하지 않는 말장난 같은 것도 더러 보인다.

> 영화가 일장춘몽인가 / 영화는 일장춘몽인가 / 이것이 나의 고민이다 / 나는 이것이 고민이다.
>
> —「요사이 나의 독백」 끝 연

앞의 두 행은 격조사의 다름이 주는 의미상의 차이를, 뒤의 두 행은 어순과 역시 격조사가 다른 데에서 오는 의미의 뉘앙스를 각각 보여 주려 하고 있다. 다 아다시피 '가'는 주격이고 '는'은 절대격(또는 주제격)이다. '는'의 경우에는 (다른 것은 몰라도) 영화(만)은 한바탕 봄꿈인가의 의미이며, 어순에 있어서도 맨 앞 어절의 강조와, 소유격 '나'에 붙은 '의'와 절대격 '는'의 미세한 의미의 각각 다른 분위기를 자아낸다. 말하자면 의미상 큰 변별력을 생산치 않는다. 이것은 시의 제목 〈요사이 나의 독백〉이 풍기는 자학의 한 심리적 양상으로 파악하는 것이 온당할 것이다.

4.

사랑은 죽음과 함께 삶의 궁극이다. 달리 말하여 사랑은 죽음을 배경으로 한 삶의 극치다. 문학의 가장 중요한 모티브가 사랑인 것은 그런 연유이다.

다양한 사랑 중에도 에로스는 그 핵을 이룬다. 음과 양의 조화와 갈등이 만물 생성의 원리임은 누구도 부인할 수 없을 것이다. 따라서 삶의 깊은 문제를 다루는 문학에 있어서도 사랑은 항상 그 중심에 놓인다. 사랑의 위대성에 대한 위대한 고뇌—어쩌면 이것이 영원한 문학의 화두일 것이다. 서정과 주정을 특징으로 하는 시 장르에서는 사랑의 문제가 단선적이면서 직접적으로 나타나는 게 상례이다.

범산의 시의 경우도 예외가 아니다. 시인 자신의 자잘한 일상이 작은 여울처럼 드러나는 속에도 '빨간 열매'와 같은 사랑과 그 갈증이 여기저기에서 돋보인다.

> [가] 당신의 기억 갈피에서 / 나의 그 말씀 털려 나와 / 빗물에 씻겨 / 강으로 바다로 흘러 가도록요. // 당신이 가지셔도 / 보석이 아니고 / 제게 주셔도 짐이니까요.
>
> —「고백」 후반부

> [나] 지금쯤 / 따스한 그 가슴 풀어 / 할딱이던 그 따스한 / 나의 가슴을 풀어 / 남의 아기를 / 젖먹이고 있을 / 그 여인에의 사랑을.
>
> —「미련」의 끝연

> [다] 당신은 내 여린 혼을 생각하여 / 안쓰러움을 감춘 한숨이려만 / 내게 모두를 휘몰아 가는 폭풍이어요. //

> 당신은 내 메마른 마음 밭을 생각하여 / 사랑으로 흩뿌리는 이슬비련만 / 내겐 모두를 휩쓸어 가는 장대비이어요.
>
> —「폭풍과 홍수」 앞부분

그의 시집 에서 뽑아 본 것들이다.

[가]는 사랑의 고백을 담고 있다. 지난 날, 고뇌가 서린 사랑의 고백은 순간적인 열정의 충동이 아니었기에 깊고 무겁다. 특히 그 고백이 받아들여지지 않았을 때 그 상처는 크다. 비밀스러운 고백이 상대방에게는 '보석'이 될 수 없고, 이제 나에게도 '짐'이 될 뿐이다. 그러므로 망각의 물에 흘러 보내 달라고 간청한다. 시간은 강물처럼 흘러가지만 한 때의 아린 사랑은 흘러가지 않는다. 순결의 역설이 여기에 숨어 있다. 한 때의 사랑이 정말 한 때의 사랑이라면, 사랑은 정말 얼마나 무가치한 것일까?

[나]는 극히 구체적인 사랑의 슬픔을 보여준다. 어찌 보면 누구에게나 있을 법한 '미련'의 단면이다. 그러나 잘 읽으면 사랑의 묘미가 천연덕스러운 역설(逆說)로 드러나 있다. '따스한'의 뒤풀이와 '할딱이던' 그 숨결은 서로의 달아오른 합일의 사랑이다. 그런데 그 여인은 이제 다른 이의 아내가 되고, 그 다른 이의 자식에게 젖을 물리는 엄마가 되었다. '따스한 젖' 속에는 '나의 따스한 가슴'이 풀어져 있다. 역설을 통한 사랑의 깊은 침투를 여기서 우리는 발견하게 된다. 남의 아내가 되었다고 어찌 남이랴. 그런 배짱(?)은 사랑의 영원성을 믿지 않는 경박한 사람들에 대한 경고일 수 있다.

[다]는 나긋나긋한 말씨(토운)가 [가]를 닮았으나 그 정도가 훨씬 보드랍다. '~이련만', '~이어요' 등 접속과 종결의 어미뿐 아니라 여성적인 비유가 그런 기능을 십분 발휘하고 있다. 「당신」과 「나」는 하나가 될 수 없는 숙명적인 사랑의 거리를 가진다. 당신은 나에게 거룩한 분이지만, 결국엔 나를 극단적으로 무화하는 존재이기 때문이다.

당신은 여린 나의 혼을 사랑하고 아끼기 때문에 늘 안쓰러워하여 숨어서 한숨을 쉰다. 그러나 그것이 나에게는 나의 모두를 휘몰아 가는 폭풍이다. 또한 당신은 내 고독한 마음밭을 헤아려 늘 사랑의 이슬비를 내려준다. 그러나 그 사랑의 이슬비는 나의 모두를 휩쓸어 가 버리는 장대비가 된다. 이상을 간략하게 드러내보면 이렇다.

(ㄱ)		(ㄷ)		(ㄹ)		(ㄴ)
당신	—	한숨	:	폭풍	—	나
당신	—	이슬비	:	장대비	—	나

(ㄱ)과 (ㄴ)의 관계는 (ㄷ)과 (ㄹ)로 매개된다. (ㄷ)은 (ㄴ)을 헤아리는 사랑의 상징이며, (ㄹ)은 (ㄷ)과는 정반대로 나에게 오는 아픔의 비유이다. (ㄹ)항에 사랑의 감추어진 생리가 숨어 있다. [다]는 이러한 점에서 사랑의 차원이 높다. 이 시가 만해(萬海)류의 시와 느낌을 공유하는 것은 그 때문이다. 말하자면 사랑의 종교화라고 할까, 그런 순수한 힘이 내재되어 있음을 쉽게 발견할 수 있다.

범산이 시를 쓸 수 있는 비밀의 동력이 이러한 사랑의 시에 뿌리 깊이 내재해 있는 것이 아닐까?

5.

일상과 사랑이 포괄하는, 그의 시를 지배하는 축은 안분지족의 지혜다. 어느 하나도 극단으로 치닫는 일이 없다. 더러 어려움을 겪어도 악착스럽게 대결하려 하지 않는다. 삶의 궁극적 한계를 도인(道人)처럼 알고 있기 때문이다.

> 간 이는 / 서둘러 가서 슬프고 / 보내는 이는 / 저도 갈 길이 바빠 슬프다.
>
> —「거문도 영국군 묘비 앞에서」 중간 부분

> 피라미드의 웃돌은 웃돌 / 밑돌은 밑돌 / 웃돌 빼어 / 밑돌 못 고이는 것.
>
> —「어중간한 자의 변」 중간 부분

이러한 시구들은 그의 시 도처에 나타난다. 어쩌면 그의 그러한 한계의 인식이 삶을 더욱 진솔하게 가꾸고 또 그것이 시로서 리얼리스틱하게 드러나는 것이 아닐까?

범산은 시가 그냥 좋아서 시를 쓰는 사람이다. 늘 평범한 시인임을 자처하면서 일기를 쓰듯 시를 쓴다. 따라서 그의 시에 수사적 기교나 지적 허영이 있을 수 없다.

> 깔짐은 넘어가고 / 소나기는 쏟아지고 / 송아지는 뛰고 / 뱃속에서도 하늘에서도 / 우르릉 쾅쾅 / 천둥은 치

는데 / 갈 길은 멀고 날은 저물고.

—「나를 넘겨주오」의 중간 부분

갈 길은 멀고, 날은 비록 저물지만, 쉬엄쉬엄 사시라. 사랑이 있고 '미련'이 아직 있지 않은가.

다 아는 대로 범산은 국어학자다. 그 가운데에서도 어원을 연구하는 교수이다. 어원은 시의 중요한 부분에 닿아 있다. 시의 내포를 더욱 깊고 넓게 해주기 때문이다. 지용이 어원에 관한 그 나름의 풍부한 지식이 있었다함은 많이 알려진 사실인데, 그것이 언어에 대한 예민한 감촉으로 나타났음은 너무 당연한 일이다. 어원은 시의 의미의 용적을 심화 · 확대하는 데에 이바지하기 때문이다.

러시아에서 달을 향해 인공위성을 띄워 보낼 때, 아랍의 시인회에서 성명을 낸 적이 있었다.

첫째, 달에 사람을 보내서는 안 된다는 것이었다. 달의 신비가 죽기 때문에 사람으로부터 신화를 빼앗아 간다고 했다.

둘째, 어원사전을 만들어 달라는 것이었다. 과학은 사람으로 하여금 달을 탐사시키고, 또 전쟁의 중간기지로 쓰겠다고 여전히 경쟁이지만, 그 나라의 풍부하고 정확한 어원사전이 나왔는지 궁금하다.

범산의 줄기찬 어원연구가 그의 시의 토양이 되고, 우리 시 쓰는 이에게도 밑거름이 되었으면 좋겠다.

솔잎으로 단장한 교문
자욱한 안갯길 더듬어

이슬비 적시며
달려간 운동장에는
부챗살처럼 펴진 만국기가
콩콩거리는 가슴처럼
펄럭이고 있었지.

—「개구리 이야기」의 중간 부분

바라노니, 어린이는 어른(Man)의 아버지라 했던가. 콩콩거리는 가슴처럼 펄럭이는 만국기의 활력으로 끊임없이 보고, 듣고, 그리고, 쓰시라. 때로는 문법의 구속으로부터 벗어나 대담한 일탈도 하면서.

물 위에 쓴 이름

강헌규 시집

발행일 | 초 판 1쇄 | 1999년 8월 10일
| 수정 증보판 1쇄 | 2018년 8월 10일

지 은 이 | 강헌규
발 행 인 | 李憲錫
발 행 처 | 오늘의문학사
출판등록 | 제55호(1993년 6월 23일)
주 소 | 대전광역시 동구 대전로867번길 52(한밭오피스텔 401호)
전화번호 | (042)624-2980
팩시밀리 | (042)628-2983
전자우편 | hs2980@hanmail.net
카 페 | cafe.daum.net/gljang(문학사랑 글짱들)
cafe.daum.net/art-i-ma(아트매거진)

공 급 처 | 한국출판협동조합
주문전화 | (070)7119-1752
팩시밀리 | (031)944-8234~6

ISBN 978-89-5669-936-3 03810
값 9,000원